Julian Nida-Rümelin

VOM WERT DES LEBENS UND DER FREIHEIT

Bei dem vorliegenden Werk handelt es sich um freie, ohne Manuskript gehaltene Vorträge, die der Verlag Komplett-Media im Rahmen einer Hörbuchproduktion aufgezeichnet und transkribiert hat.

Originalausgabe
1. Auflage 2018
Verlag Komplett-Media GmbH
2018, München/Grünwald
www.komplett-media.de
ISBN: 978-3-8312-0464-9
Auch als E-Book erhältlich

Lektorat: Redaktionsbüro Diana Napolitano, Augsburg
Korrektorat: Redaktionsbüro Julia Feldbaum, Augsburg
Umschlaggestaltung: X-Design, München
Satz: Daniel Förster, Belgern
Druck & Bindung: CPI books GmbH, Leck
Printed in Germany

Dieses Werk sowie alle darin enthaltenen Beiträge und Abbildungen sind urheberrechtlich geschützt. Jede Verwertung, die nicht ausdrücklich vom Urheberrecht zugelassen ist, bedarf der vorherigen schriftlichen Zustimmung des Verlags. Das gilt insbesondere für Vervielfältigungen, Bearbeitungen, Übersetzungen, Mikroverfilmungen und die Speicherung und Verarbeitung in elektronischen Systemen sowie für das Recht der öffentlichen Zugänglichmachung.

Julian Nida-Rümelin

VOM WERT DES LEBENS UND DER FREIHEIT

INHALT

WAS MACHT DEN WERT MENSCHLICHEN LEBENS AUS? .. 7

Die Ablebenswahrscheinlichkeit 9

Das monetäre Maß des Lebens 12

Der Umgang mit dem eigenen Leben 15

Inkommensurable Güter 16

Leben, körperliche Unversehrtheit und Liebe sind nicht marktgängig.............. 18

Abwägung in Grenzsituationen 20

Konflikt zwischen stoizistischem und christlichem Ethos 22

Die Würde des Menschen ist unantastbar 26

Eine deontologische Ethik................ 27

Individuelle Würde und Recht auf Leben 28

Ethik der Autonomie 31

Humanistischer Individualismus 40

Ethik der Werte vs. Ethik der Rechte 42

Das kategorische Lebensrecht 43

ÜBER MENSCHLICHE FREIHEIT 47

Selbstbild und Weltbild 48

Freiheit und Verantwortung 51

Moralische Gefühle und reaktive Einstellungen 52

Subjektive und objektive Einstellung 54

Tribunal der guten Gründe 58

Universale Determination und menschliche
Freiheit................................ 61

Menschliche Freiheit in der Stoa 62

Die Theodizee-Problematik 64

Der Determinismus der Newton'schen
Mechanik.............................. 65

Der cartesianische Dualismus 67

Gründe und Ursachen 69

Verbindungen von Kausalität und Energie ... 71

Einflussnahme auf den Gang der Welt 73

Die Debatte um die Erklärungslücke........ 75

Freiheit und Wissenschaft 77

Die unvollständige Vollständigkeit der Physik 79

Nicht alles lässt sich auf die Physik reduzieren 81

Naturalismus und Humanismus............ 83

Das Libet-Experiment.................... 86

Deliberation und kohärente Lebenspraxis 90

Die gereifte Persönlichkeit 92

ÜBER DEN AUTOR 95

WAS MACHT DEN WERT MENSCHLICHEN LEBENS AUS?[1]

Was ist der Wert des Lebens? Das ist eine der vielleicht schwierigsten Fragen der Philosophie, aber auch der öffentlichen Debatten. Denken Sie zum Beispiel an die Frage: Soll der *ADAC* weitere Rettungshubschrauber anschaffen? Das ist sicher auch für den *ADAC* eine ökonomische Frage, aber möglicherweise auch eine ethische, nämlich: Was ist eigentlich die Rettung eines menschlichen Lebens wert? Oder, um es provokativ zu formulieren: Lohnt es sich eigentlich,

---

1 Vgl. detaillierter: »Handbuch Angewandte Ethik«, Stuttgart: Kröner ²2005, Kap. »Wert des Lebens« von JNR.

so viel Geld auszugeben, um ein zusätzliches Menschenleben zu retten?

In der Medizin hat es sich eingebürgert, einen bestimmten Maßstab zu verwenden, die sogenannten *Qualys*. Das sind Lebensjahre, die nach der Qualität dieser Lebensjahre bewertet werden, im Englischen *quality adjusted life years*. Danach werden die Kosten, die in der Medizin eingesetzt werden, gewichtet und beurteilt. Wie viele Euro kostet ein zusätzlicher *Qualy*? Das ist von Maßnahme zu Maßnahme sehr unterschiedlich und entsprechend inkohärent – könnte man sagen – ist das Gesundheitssystem insgesamt. Die Kosten manch lebensverlängernder Maßnahmen sind es uns wert, andere lebensverlängernde Maßnahmen sind es uns nicht wert. Das gilt insbesondere für die kostengünstigen Vorsorgemaßnahmen, die im Gesundheitswesen insgesamt relativ gering beachtet werden.

Aber wir wollen jetzt nicht primär über Medizinethik sprechen, sondern eine philosophische Frage klären: *Was macht eigentlich den Wert des menschlichen Lebens aus?* Wir tasten uns vorsichtig heran.

Die Ablebenswahrscheinlichkeit

Beginnen wir mit einer einfachen Fragestellung: *Was ist dir eigentlich dein Leben wert?* Die meisten werden eine solche Frage, an sich gerichtet, möglicherweise empört zurückweisen und sagen: *Was ist denn das für eine merkwürdige Frage? Ich bin natürlich nicht bereit, mein Leben aufzugeben, welchen Betrag auch immer du mir anbietest.*

Jetzt kommen der Entscheidungstheoretiker oder der Ökonom und sagen: Ja, das scheint dir so, aber möglicherweise verhältst du dich ganz anders. Dein Verhalten zeigt doch schon, welchen Wert du deinem eigenen Leben beimisst.

Illustrieren wir das an einem Beispiel: Sie haben sich entschieden, Drachen zu fliegen. Drachenfliegen gehört neben einigen anderen Risikosportarten wie Reiten und Tauchen zu denjenigen, bei denen eine beträchtliche Erhöhung der *Ablebenswahrscheinlichkeit* pro Jahr registriert ist. Das ist statistisch erhärtet. Mit jeder Stunde Drachenfliegen oder mit jeder Stunde Tauchen oder jeder Stunde Reiten erhöht sich die Wahrscheinlichkeit, bei dieser Aktivität zu Tode zu kommen. Wenn Sie jung und gesund sind, dann verändert das die Wahrscheinlichkeit zu sterben doch in beträchtlicher Weise, sie kann sich zum Beispiel verdoppeln. Das ist immerhin eine deutliche Veränderung.

Ich will das kurz quantitativ erläutern: Menschen werden im Schnitt, sagen wir ganz grob – um es einfach zu rechnen – 100 Jahre alt. Das heißt, wenn die Wahrscheinlichkeit, pro Jahr zu Tode zu kommen, jedes Jahr gleich hoch wäre, was natürlich nicht der Fall ist, dann hätten wir eine Wahrscheinlichkeit, pro Jahr zu Tode zu kommen, von einem Hundertstel. Oder – Erinnerung an den Mathematikunterricht – von 10^{-2}.

Wenn Sie alt und gebrechlich sind, an Krankheiten leiden, die möglicherweise zum Tode führen, dann erhöht sich diese Wahrscheinlichkeit. In hohem Alter bewegt sich das in einer Größenordnung der Wahrscheinlichkeit von einem Zehntel. Sie haben also pro Jahr eine Wahrscheinlichkeit, zu Tode zu kommen, von 10^{-1}.

Betrachten wir jetzt nur einmal diejenigen, die gesund sind und keine Suizidneigungen haben. Die häufigste Todesursache in bestimmten Altersgruppen ist der Suizid. Verkehrsunfälle, auch Unfälle im Haus oder bei sportlichen Aktivitäten spielen in dieser Altersgruppe eine erstaunlich große Rolle im Vergleich zu Todesfällen aufgrund von Krankheiten. Das heißt, es sind zum großen Teil auch Todesfälle, die durch eigenes Verhalten sehr stark beeinflusst werden. In dieser Altersgruppe bewegt sich die Wahrscheinlichkeit normalerweise auf einem sehr, sehr niedrigen Niveau.

Es gibt übrigens einen interessanten Unterschied zwischen Mann und Frau. Junge Männer neigen dazu, sich riskanter zu verhalten, insbesondere ab der Pubertät bis Mitte 20. Unterschiedlich von Kultur zu Kultur ist – auch dort, wo es nicht gerade Bürgerkriege oder Kriege gibt – die Wahrscheinlichkeit, zu Tode zu kommen. Sie ist bei Männern sehr viel höher als bei Frauen. Das gilt übrigens schon unmittelbar nach der Geburt. Auch dort ist die Wahrscheinlichkeit, dass männliche Neugeborene sterben, höher als bei weiblichen Neugeborenen. Das gilt jedenfalls in den westlichen Industrieländern.

Sagen wir einmal vereinfacht, Sie haben eine Wahrscheinlichkeit, zu Tode zu kommen, von einem Zehntausendstel pro Jahr. Wenn Sie jung und gesund sind, ist das durchaus realistisch. Jetzt beginnen Sie eine Sportart, die Sie intensiv betreiben, und für die gilt, dass jeder Zehntausendste pro Jahr zu Tode kommt. Dann verdoppeln Sie die Wahrscheinlichkeit, im nächsten Jahr zu Tode zu kommen – allein aufgrund der Wahl dieser Sportart.

Das monetäre Maß des Lebens

So weit, so gut. Jetzt kommt der Entscheidungstheoretiker und sagt: Wie viel ist dir denn diese Sportart wert? Angenommen, ich biete dir Geld an, ab welcher Höhe würdest du zugunsten dieses Betrages ein Jahr auf die Sportart verzichten? Vermutlich kommt bei jedem ein bestimmter Betrag heraus. Es mag den einen oder die andere geben, die sagen: Mir ist das völlig egal, ich betreibe diese Sportart in jedem Fall. Du kannst mir anbieten, was du willst, das interessiert mich nicht, das ist Teil meines Lebens. Aber vermutlich werden die meisten doch ab einem bestimmten Betrag sagen: *Na ja, das ist es mir wert, um in diesem oder im nächsten Jahr auf die Ausübung dieser Sportart zu verzichten.*

Sagen wir einmal, 5.000 Euro. Ab 5.000 Euro, sagen Sie, verzichte ich auf diese Sportart. Damit haben wir jetzt etwas, was in der Ökonomie als *monetäres Maß*, als monetäre Bewertung einer Aktivität definiert ist. Das heißt, die Aktivität, in unserem Falle das Drachenfliegen, ist Ihnen also über das Jahr gerechnet diese 5.000 Euro wert.

Jetzt betrachten wir den Vergleich mit dem Risiko, zu Tode zu kommen. Sie haben dieses höhere Risiko, durch Drachenfliegen zu sterben. Angenommen, Sie wissen, wie wahrscheinlich es ist, dass Sie zu Tode kommen, Sie gehen dieses Risiko also bewusst ein. Dann wissen wir, dass Ihnen diese Erhöhung Ihrer Todesfallwahrscheinlichkeit im nächsten Jahr um ein Zehntausendstel oder – wenn Sie jung und gesund sind – um ein Doppeltes weniger bedeutsam erscheint als diese 5.000 Euro.

Wenn wir jetzt noch einige Annahmen machen, zum Beispiel die, dass die Wahrscheinlichkeit Ihres Ablebens proportional ist zur Bewertung, die Sie vornehmen, dass also in dem Falle, dass es doppelt so wahrscheinlich wird, dass Sie im nächsten Jahr zu Tode kommen, es dann auch doppelt so schlecht für Sie ist und Sie entsprechend auch bereit wären, um diesen Nachteil zu vermeiden, einen doppelten Geldbetrag zur Verfügung zu stellen.

Dann können wir jetzt grob rechnen: Ein Zehntausendstel war die Wahrscheinlichkeit, zu Tode zu kommen. Wie viel Wert ist dann Ihr Leben, dokumentiert durch Ihr konkretes Verhalten, nämlich durch Ihre Bereitschaft, Drachen zu fliegen – die Bereitschaft, auf Drachenfliegen zu verzichten, wenn Sie 5.000 Euro bekommen – na ja: 5.000 Euro mal 10.000. Das ist ein gewaltiger Betrag, ein Betrag, den normalerweise ein Mensch im Leben nicht verdient. Wir sind da bei 100 Millionen Euro insgesamt. Man könnte nun sagen, Sie haben jetzt durch Ihr Verhalten gezeigt, dass das die Größenordnung ist, in der Sie Ihr Leben bewerten.

Nun tauchen hier eine Reihe weiterer Fragen auf. Einige wenige wollen wir uns wenigstens noch klarmachen. Das eine ist die Frage: Was hat das eigentlich für eine Relevanz? Interessiert diese merkwürdige Berechnung, die wir gerade vorgenommen haben?

Der Umgang mit dem eigenen Leben

Angenommen, Sie betreiben die Aktivität des Drachenfliegens. Andererseits überqueren Sie die viel befahrene Straße vor Ihrer Haustür, gehen nicht den Umweg bis zur nächsten Ampel und warten dort nicht ab, bis diese auf Grün geschaltet ist. Auch das erhöht die Wahrscheinlichkeit Ihres vorzeitigen Ablebens. Angenommen, Sie schnallen sich beim Autofahren nicht an, obwohl es auch hier klare statistische Befunde gibt, die dafür sprechen, dass angeschnallt zu fahren die Wahrscheinlichkeit, zu Tode zu kommen, verringert.

Es könnte sein, dass jeweils – dieselbe Rechnung angestellt, wie wir es gerade versucht haben – ein ganz anderer Betrag herauskommt. Einmal kommt vielleicht der genannte heraus und einmal einer, der nur ein Bruchteil dessen ist, vielleicht hundertmal kleiner. Wenn dem so wäre, kann man auf zweierlei Weisen reagieren. Man kann entweder sagen: *Diese Art der Bestimmung des subjektiven Wertes des eigenen Lebens ist völlig irrelevant.* Oder man kann sagen: *Offenkundig gehen Sie mit Ihrem eigenen Leben nicht in kohärenter Weise um*. Einmal legen Sie großen Wert darauf, Ihr Leben nicht zu riskieren, und das andere Mal legen Sie einen geringen Wert darauf. Insgesamt zeigen Sie eine *irrationale Praxis* im Umgang mit Ihrem Leben.

Inkommensurable Güter

An diesem Punkt bringt der Philosoph ein sehr grundsätzliches Argument ein. Er sagt: Es ist zwar ökonomische Praxis in der ökonomischen

Theorie, in dieser Weise einen subjektiven Wert zu bestimmen, auch den subjektiven Wert des eigenen Lebens. Dies übersieht aber, dass es Güter gibt, die *inkommensurabel* sind, die sich nicht miteinander vergleichen lassen. Ich bin nicht bereit, Leben – mein eigenes oder vielleicht das Leben anderer Menschen – mit Geld zu bewerten, ein *monetäres Maß* auf die Frage von Leben und Tod anzuwenden. Der angemessene Umgang mit diesen beiden Gütern ist, anzuerkennen, dass sie ganz unterschiedlich sind. Das eine Gut bestimmt letztlich alles, weil ohne das eigene Leben alle anderen Güter wertlos sind.

Das andere Gut dagegen, das Geld, ermöglicht die Vergleichbarkeit von Waren auf dem Markt. Man kann sich entscheiden, mit einem gewissen Betrag diese oder jene Ware zu kaufen. Auf dem Markt wird eine Art *Bewertung* vorgenommen. Die Güter bekommen einen Betrag zugeordnet, und wir entscheiden uns dann entsprechend. Wir vergleichen Güter miteinander, indem wir auf dem Markt bestimmte Geldbeträge zur Verfügung stellen.

Leben, körperliche Unversehrtheit und Liebe sind nicht marktgängig

Aber auf dem Markt ist nicht alles käuflich. Da wird nicht jedes Gut, jeder Wert verkauft. Die Tatsache, dass das menschliche Leben nicht *marktgängig* ist, außer in Mafiafilmen und vielleicht in der Realität zynischer, mit Menschenleben handelnder Organisationen, macht gerade die *Humanität* einer Gesellschaft aus. Ebenso nicht marktgängig ist die körperliche Unversehrtheit. Leben und körperliche Unversehrtheit gehören zu den individuellen Rechten, die jede einzelne Person hat. Jeder Mensch verfügt über sein eigenes Leben, über seinen eigenen Körper. Er ist gewissermaßen Eigentümer von Leben und Körper. Er kann sich entscheiden, dies dranzugeben, er kann Risiken eingehen, ja sogar der Suizidversuch ist nicht mehr strafbar, was zeigt, dass die Rechtsordnung akzeptiert, dass wir Eigentümer unseres eigenen Lebens sind.

Menschen können sich weigern, lebensrettende Behandlungen zu akzeptieren. Sie können »Nein« sagen, auch wenn dies definitiv zu ihrem vorzeitigen Tod führt. Wir verfügen über unser Leben, wir bestimmen über unseren Körper, aber das heißt nicht, dass wir sie zur Ware werden lassen, mit der gehandelt werden kann. Sie haben keinen monetären Wert, der mit anderen normalen, handelbaren Gütern vergleichbar ist. Das Leben hat in dieser Hinsicht einen *inkommensurablen,* einen unvergleichbaren Wert. Es ist auch nicht das einzige Gut, auf das dies zutrifft.

Liebe, jedenfalls die Liebe, in der es in erster Linie um Gefühle geht und nicht lediglich um die körperliche Vereinigung, ist nicht handelbar. Liebe wird nicht verkauft und gekauft. Liebe ist etwas, das man gewissermaßen ohne Nutzabwägungen empfindet, das insofern ebenfalls keinen Warencharakter hat. Das spricht dafür, Leben wie Liebe und vieles andere in den Bereich derjenigen Güter zu stellen, die keine geldwerten Äquivalenzen haben, die also nicht durch Geld aufgewogen werden können.

Abwägung in Grenzsituationen

Das komplexe Verhältnis zwischen dem subjektiven Wert, den das Leben für uns hat, das sich in unserer Praxis äußert – ob wir leichtfertig mit unserem Leben umgehen oder weniger leichtfertig – und dem objektiven Wert des Lebens, das also von anderen Externen zu bestimmen sein müsste, zeigt sich in einer besonders dramatischen Weise für viele Menschen am Lebensende. Moribunde Personen, also Personen, die in naher Zukunft sterben werden, bei denen aber noch nicht feststeht, zu welchem Zeitpunkt sie sterben werden, stehen oft vor der schwierigen existenziellen Abwägung, in welchem Umfang sie zum Beispiel Schmerzmittel einsetzen oder den Arzt ermächtigen sollen, Schmerzmittel einzusetzen, wohl wissend, dass ab einer bestimmten Dosierung diese Schmerzmittel zu einem früheren Tod führen.

Wenn intendiert wäre, dass dies die beabsichtigte Wirkung der Gabe der Schmerzmittel ist, dann ist das in Deutschland aufgrund von Gesetzen verboten, das wäre *aktive Sterbehilfe*.

Wenn es jedoch eine nicht intendierte Nebenfolge ist, das heißt, etwas, das man nicht beabsichtigt, das man aber in Kauf nimmt, dann ist das zulässig. Das geschieht tausendfach in deutschen Kliniken.

Menschen, die sich dieser Situation bewusst sind, entscheiden also indirekt zwischen der Qualität, nämlich der besseren Qualität ihrer noch verbliebenen Lebensspanne, und der Dauer ihres Lebens. Sie nehmen eine Abwägung vor: Wie viel ist es mir wert, einen weiteren Tag oder weitere Tage zu leben? Ist es mir wert, dies mit einem höheren Maß an Schmerzen zu erkaufen?

Das Gleiche gilt oft sehr grundsätzlich bei der Diagnose einer Krebserkrankung. Auch dort gibt es Patienten, die bewusst Jahre, ja möglicherweise sogar auf das Überleben, das aufgrund der Statistiken möglich wäre, verzichten, um noch einige gute Monate leben zu können. Auch das kann man dieser Person nicht nehmen. Sie kann diese Entscheidung für sich selbst treffen. Das heißt, sie nimmt in solch existenziellen Situationen Abwägungen vor – das sind Grenzsituationen, die für die Person selbst und auch für ihre Angehörigen schwer erträglich sind – zwischen dem Wert einer weiteren zu lebenden Spanne und der Qualität ihres Lebens. Dies ist eine subjektive Abwägung, die jede Person für sich treffen kann, eine Abwägung, die, sofern die Person bei Bewusstsein ist, ihr auch niemand abnehmen kann.

Konflikt zwischen stoizistischem und christlichem Ethos

Was aber ist mit den Personen, die nicht mehr in der Lage sind zu entscheiden, weil sie zum Beispiel schon eine Bewusstseinstrübung erfahren haben, weil sie nicht mehr voll zurechnungsfähig sind, weil sie die komplexen medizinischen Zusammenhänge nicht verstehen? In diesen Fällen müssen andere entscheiden. Es ist ein ganz elementarer und zentraler Bestandteil des Ethos des Arztes, des medizinischen Ethos, dass man alles tut, um das Leben von Menschen zu erhalten. Es widerspricht dem Ethos des Mediziners,

Leben zu verkürzen. Oft sind es die Angehörigen, die die Qualen sehen und verkürzen wollen, und es sind die Mediziner, die dann dafür plädieren, doch möglichst alles zu tun, damit dieses Leben verlängert wird.

Das sind schwierige Konflikte, und im Falle einer über 17 Jahre hinweg komatösen Patientin und vieler anderer Betroffener, führt das sogar vor Gericht zu entsprechenden Auseinandersetzungen, bei denen die Angehörigen die Klinik auffordern, die lebensverlängernden Maßnahmen zu beenden. In diesem Falle, bei komatösen Patienten, geht es auch nicht mehr darum, Qualen abzukürzen, sondern einen hoffnungslosen Zustand, einen Zustand, dem ein immer weiterer körperlicher Verfall folgt, der nie mehr ins Bewusstsein zurückführen kann, zu beenden und den natürlichen Eintritt des Todes nicht zu blockieren.

Es gehört zu den Merkwürdigkeiten der öffentlichen Diskussion, dass dabei zwei Grundhaltungen in Konflikt geraten: auf der einen Seite in unserer Rechtsordnung, in unserer Gesellschaft, in unserer westlichen, liberalen, individualistischen Gesellschaft die weitverbreitete Haltung, dass die Person selbst entscheidet. Wenn sie nicht selbst entscheiden kann, entscheiden die Angehörigen.

In der *Stoa* der Antike war sogar die Haltung charakteristisch, dass die Fähigkeit, den Todeszeitpunkt selbst zu bestimmen, die besondere Würde des Menschen ausmacht, dass man sich nicht einem Prozess ausliefert, der dann nicht mehr steuerbar ist. Das ist eine tief verankerte Haltung in unserer Kultur.

Der steht eine andere Haltung gegenüber, die bei allen Ähnlichkeiten zwischen *Stoa* und *Christentum,* zwischen *stoizistischer* – zumindest *römisch-stoizistischer* – Ethik auf der einen Seite und *christlichem* Ethos auf der anderen Seite doch einen deutlichen Gegensatz darstellt, nämlich die christliche Vorstellung, dass man sein Schicksal erdulden müsse. Gott legt dem Menschen Prüfungen auf. Seine Sünden werden durch eigenes Leid abgebüßt. Dagegen darf man sich nicht auflehnen.

Diese beiden *Grundintuitionen* – die demütige Hinnahme des Schicksal mit allen Konsequenzen auf der einen Seite und die Gestaltung des eigenen Lebens bis zuletzt auf der anderen Seite – stehen in einem schwer auflösbaren Konflikt miteinander. Und es ist oft die katholische Kirche, die sich gegen die von der Humanität geforderten Erleichterungen wendet. Sie stimmt nicht zu, wenn Menschen, die unheilbar krank sind und deren Schmerzen immer größer werden, um einen gnädigen Tod bitten. Wenn dieser gnädige Tod gewährt wurde, wird das Begräbnis auf den christlichen Friedhöfen nicht zugelassen.

Hier geraten Humanität und Selbstbestimmung in Konflikt mit der Vorstellung, dass Menschen das ihnen Auferlegte zu ertragen hätten. Und dies oft dann, wenn es erst die Medizin ist, die diesen Konflikt heraufbeschwört. Erst die hoch technisierte Apparatemedizin führt dazu, dass es im Gegensatz zu früher in sehr vielen Fällen zu einer Entscheidung von Menschen wird, wie lange das Leben – wenigstens die physische Existenz, dort, wo die mentale Existenz, die Existenz der Person, schon erloschen ist – fortbestehen soll oder nicht. In unserer Rechtsordnung gibt es Normen, die Werte bestimmen oder auf Werten beruhen, die nicht gegen andere Werte abgewogen werden dürfen.

Die Würde des Menschen ist unantastbar

Die Würde des Menschen ist unantastbar, Artikel 1 Grundgesetz besagt, jedenfalls nach vorherrschender Rechtsprechung des Bundesverfassungsgerichtes, dass unter keiner Bedingung die Würde des Menschen angetastet werden darf. Sie darf auch nicht gegen andere Werte abgewogen werden.

Der Artikel 2 des Grundgesetztes, der ein Recht auf freie Entfaltung der Persönlichkeit, auf Leben, auf körperliche Unversehrtheit und Freiheit der Person garantiert, wird dagegen üblicherweise so interpretiert, dass dort die Abwägung durchaus zulässig ist.

Der Konflikt zwischen Grundwerten, die in den Artikeln unserer Verfassung etabliert sind, und anderen Werten, die ebenfalls in der Verfassung stehen, muss jeweils durch eine Güterabwägung abgelöst werden. Die Würde des Menschen ist in dieser Abwägung nicht zugänglich.

Überall dort, wo das Leben des Einzelnen in einer Weise bedroht ist, die seine Würde verletzen könnte, ist dies aufgrund der Rechtsordnung in der Bundesrepublik Deutschland ebenfalls unzulässig. Das Leben des Einzelnen kann ohnehin nur in extremen Grenzsituationen infrage gestellt und noch mal gegen andere Werte abgewogen werden. Ich glaube, dass das sehr plausibel ist. Es zeigt aber einige Konsequenzen, die als weniger plausibel empfunden werden.

Eine deontologische Ethik

Deswegen skizziere ich jetzt etwas, was ich als *deontologische Perspektive* bezeichnen möchte. *Deontologisch* nennt man Ethiken, die anders als *teleologische* oder *konsequenzialistische* Ethiken nicht die Folgen einer Handlung als ausschließlichen Maßstab ihrer Beurteilung heranziehen, sondern Regeln. Diese bestimmen, ob eine Handlung zulässig ist oder nicht.

Eine *deontologische* Ethik besagt: Eine Handlung ist pflichtgemäß, wenn sie diesen oder jenen Regeln folgt, wenn sie diesen oder jenen Regeln entspricht. Eine *konsequenzialistische* oder *teleologische* Ethik postuliert: Ich muss wissen, welche Folgen diese Handlung wahrscheinlich haben wird, um bestimmen zu können, ob diese Handlung zulässig ist oder nicht.

Unsere Rechtsordnung ist im Kern deontologisch verfasst. Sie definiert individuelle Rechte – darunter auch das *Recht auf Leben* –, und damit schränkt sie rechtlich zulässiges Handeln ein. Eine solche Rechtsordnung beruht auf einem bestimmten Ethos, auf einer bestimmten Moralvorstellung, die man als deontologisch bezeichnen muss.

Individuelle Würde und Recht auf Leben

Das individuelle *Recht auf Leben* verpflichtet andere dazu – auch den Staat –, dass dieses Leben nicht verrechnet wird, nicht einmal gegen das Leben anderer, und zwar deswegen – wie das Bundesverfassungsgericht in einer Reihe von Urteilen argumentiert –, weil damit die *individuelle Würde* verletzt wäre. Man kann sich das so plausibel machen: In dem Moment, in dem die einzelne Person und ihr Leben gegen andere Ziele verrechnet werden, wird diese Person zum bloßen Instrument. In der *kantischen Ethik* ist das die *Selbstzweckformel* des *kategorischen Imperativs.* Man darf Menschen nie so behandeln, dass sie ausschließlich Mittel zu einem Zweck sind. Was nicht heißt, dass ein Mensch nicht auch als Mittel behandelt werden darf.

Die *Selbstzweckhaftigkeit* – so könnte man etwas sperrig sagen – des Menschen ist das entscheidende Kriterium. Nur dort, wo Menschen nicht instrumentalisiert werden, wird diesem Gebot entsprochen.

Das hat dazu geführt, dass zum Beispiel das Bundesverfassungsgericht selbst im Falle eines Terrorangriffs nicht zugelassen hat, dass der Bundesinnenminister den Abschuss eines Flugzeugs aufgrund eines Bundesgesetzes beschließen oder anordnen kann. Und zwar deswegen nicht, weil – selbst wenn klar ist, dass der Abschuss nur sagen wir mal 150 unschuldige Passagiere tötet, während, wenn der Abschuss unterbleibt, der Terrorangriff vermutlich erfolgreich sein wird und möglicherweise, wie im Falle von »nine eleven« in den USA, Tausenden unschuldigen Menschen das Leben kostet – der Staat selbst dann nicht in dieser Weise individuelles menschliches Leben verrechnen darf.

Ich gebe zu, dass die *deontologische Perspektive,* die ich selbst einnehme, die das Bundesverfassungsgericht einnimmt und die meines Erachtens unauflöslich mit den Menschenrechten generell verknüpft ist, Konsequenzen hat, die schwer zu ertragen sind. Aber das muss man in Kauf nehmen. In letzter Konsequenz heißt das, dass das Leben des einzelnen Menschen einen Wert hat, aber keinen Wert, der gegen andere Werte verrechnet werden kann, nicht einmal gegen den Wert des Lebens anderer Menschen.

Ethik der Autonomie

Nach diesen Vorüberlegungen möchte ich nun diese deontologische Perspektive, für die ich plädiere, etwas detaillierter ausführen. Ich zitiere zu diesem Zweck den Text, der aus einem Kapitel stammt, das in Zusammenhang mit der *angewandten Ethik* steht. Das sind diejenigen Bereiche der Ethik, die ethische Kriterien und Theorien auf ganz konkrete praktische Fragen anwenden, sei es in der Medizin – der Wert des Lebens spielt da natürlich eine wichtige Rolle – oder in der Umweltpolitik oder bei internationalen Beziehungen: *Was ist globale Gerechtigkeit?* Man nennt das gelegentlich auch die *Bereichsethiken*. Es geht also um einen Bereich der menschlichen Praxis und deren ethischer Klärung, unter welchen Bedingungen diese Praxis zulässig oder unzulässig ist.

Einen zentralen Teil möchte ich aufzeigen: Das moralische Tötungsverbot ist auch Ausdruck des Respekts vor den subjektiven Welten, die Individuen repräsentieren. Jedes Individuum ist gewissermaßen eine subjektive

Welt, eine Welt der Empfindung, der Wahrnehmung, der Wünsche, der Erwartungen und Hoffnungen. Das Ende dieser subjektiven Welt ist immer etwas, was zu beklagen ist, wie die Umstände auch sein mögen. Wären diese subjektiven Welten punktuell, also nur jeweils zu einem bestimmten Zeitpunkt, und bestünde zu verschiedenen Zeitpunkten kein Zusammenhang zwischen ihnen, dann könnte man zwar immer noch sagen, sie haben einen Wert als solches. Aber dadurch, dass Menschen einen Zusammenhang herstellen, zum Beispiel in Gestalt von Projekten, die ihrem Leben Inhalt, Ziel und Sinn geben, Präferenzen, die auf die Zukunft gerichtet sind, bekommt das Argument der Zeit, der Ideen, der Vorstellungen, die nicht realisierbar sind, weil mein Leben beendet ist, ein besonderes Gewicht. Ein vergleichbares Gewicht gibt es bei Tieren nicht. Soweit wir wissen, haben Tiere keine Projekte, die sie im Leben realisieren wollen und die dann durch den vorzeitigen Tod beendet werden.

Erst wenn man von der Fortexistenz einer subjektiven Welt in einer Person sprechen kann, wenn zwischen der subjektiven Welt der Vergangenheit und der Zukunft ein Zusammenhang besteht, der durch Erinnerungen, Handlungsstrategien, Projekte und Bindungen geprägt ist, gewinnt dieser Respekt vor dem Wert der Person, vor ihrem Leben, das volle Gewicht. Wenn nur eine Person den Wunsch ausspricht, getötet zu werden, dann kann dieser Wunsch Indiz dafür sein, dass die zu erwartende zukünftige subjektive Welt aus der Innenperspektive als nicht mehr wünschenswert erscheint.

Daraus folgt übrigens keineswegs zwingend, dass es nicht objektiv wünschenswert wäre, dass diese subjektive Welt fortbesteht. Die Person kann sich auch irren, sie kann falsche Erwartungen haben. In der Regel befinden sich Jugendliche – die zum Beispiel aus Liebeskummer, weil sich der Partner oder die Partnerin getrennt hat, Selbstmord begehen – in einem solchen Irrtum. Sie können sich aufgrund der Erschütterung des Augenblicks nicht vorstellen, dass dieses Unglück nach einigen Monaten oder spätestens nach einigen Jahren wieder vorbei sein wird und Raum gibt für andere Lebenserfahrungen wie Freude und Lust.

Deswegen halte ich es auch für ein moralisches Gebot, dass man diese Art von Suizidversuchen unterbindet. Man könnte sagen, das sind Handlungen, die jeder einzelnen Person zunächst einmal offen stehen, weil erwachsene Personen autark und selbstverantwortlich handeln, und dazu gehört auch, dass sie sich beschädigen dürfen. Jemand darf ins Spielcasino gehen und sich um sein Vermögen bringen, das ist nicht strafbar. Aber wenn wir diesen Irrtum abmildern können, indem wir die Person retten und damit den versuchten Suizid zu einer neuen Lebenschance werden lassen, dann halte ich das für gerechtfertigt.

Schwieriger wird die Situation bei sogenannten *Bilanzsuiziden*, das heißt, eine Person, die schwer krank ist und sich in der Abwägung des Pro und Kontra gründlich überlegt und entscheidet, ihrem Leben ein Ende zu setzen. Auch dabei gilt nach unserer Rechtsordnung die Pflicht, die zum Beispiel dann bewusstlose Person zu retten, ansonsten kann man wegen *unterlassener Hilfeleistung* angezeigt und bestraft werden. Das ist durchaus problematisch, weil in solchen Fällen die Person zu Recht den Eindruck gewinnen mag – insbesondere wenn sie schon hinfällig ist und ihr nicht mehr alle Handlungsmöglichkeiten offen stehen –, dass sie ihren eigenen Wunsch nicht mehr realisieren kann, dass andere sie daran hindern, in der Weise zu leben und zu sterben, wie sie sich das selbst wünscht.

Im Rahmen einer *Ethik der Autonomie*, die ich jetzt gerade skizziert habe, also einer Ethik, die auf die eigenen Wünsche, die eigenen Maxime – wie Kant das nennt – besonderen Wert legt, die die Autorenschaft des Einzelnen und der Einzelnen anerkennt, dass wir selbst bestimmen, wie wir leben und nur wir selbst berechtigt sind, darüber zu entscheiden. Im Rahmen einer solchen *autonomistischen Ethik* ist der geäußerte Wunsch einer Person von größter Bedeutung. Wenn wir diesen Wunsch respektieren und nicht intervenieren, dann heißt das nicht, dass wir in jenem Fall der Meinung sind, dieser Wunsch beruhe auf einer richtigen Abwägung des Pro und Kontra. Eine Person, die raucht, mag sich irren, was die gesundheitlichen Auswirkungen des Rauchens angeht. Wir sind aber nicht berechtigt, die Person am Rauchen zu hindern, jedenfalls nicht dort, wo es kein gesetzliches Verbot gibt.

Man könnte sogar widerspruchsfrei der Überzeugung sein, dass es besser wäre, wenn eine bestimmte Person ihren Tötungswunsch nicht hätte und ihr dennoch beistehen, ihren Tötungswunsch zu erfüllen. Hilfe zum Suizid ist auch nach unserer heutigen Rechtsprechung und Rechtsordnung nicht strafbar.

Ich spreche hier bewusst nicht davon, dass es besser gewesen wäre, sie hätte diesen Wunsch nicht geäußert, da der Respekt vor der *Autonomie der Person* ein Respekt vor ihren Wünschen und nicht allein vor ihren Wunschäußerungen ist, auch wenn erst die Äußerung dieser Wünsche Anlass zum Handeln geben mag. Der Respekt vor der Autonomie der Person kann sich etwa darin äußern, dass man einer Person das moralische Recht zuschreibt, ihrem Leben zu einem von ihr frei zu wählenden Zeitpunkt ein

Ende zu setzen, ohne dass man damit zugleich ein Urteil darüber abgibt, ob dieses Leben, das die Person führt, lebenswert – um diesen problematischen Terminus zu gebrauchen – ist oder nicht.

Ich kann insofern bedauern, wenn eine Person ihrem Leben ein Ende gesetzt hat, bedauern, weil ich die Fortexistenz dieses Individuums, dieser subjektiven Welt gewünscht hätte. Ich kann das bedauern, ich kann es besser finden, wenn eine Person ihr Leben fortsetzt und nicht vorzeitig beendet, obwohl ich das moralische Recht auf Suizid anerkenne.

Oder etwas abstrakter, philosophischer gesprochen: Im Rahmen einer deontologischen Ethik überträgt sich die Bewertung von Zuständen, Lebensformen usw. nicht auf Handlungsverpflichtungen und Handlungsverbote. Es gibt Verpflichtungen und Verbote – und es gibt Werte. Beides korrespondiert nicht unmittelbar im Rahmen einer deontologischen Ethik.

Um noch einmal das Beispiel mit dem gekaperten Flugzeug zur Verdeutlichung heranzuziehen: Es liegt auf der Hand, dass ein Umstand, in dem 150 Passagiere zu Tode kommen, immer noch besser ist als eine Katastrophe, in der 3.000 Einwohner eines großen Gebäudekomplexes zu Tode kommen. 150 Tote sind besser, so grausig es klingt, als 3.000 Tote, das steht außer Frage, das kann niemand bezweifeln. Und dennoch kann die Handlung, die diese 150 Toten nach sich zieht, moralisch und juristisch verboten sein, weil sie das Abwägungsverbot verletzt, weil sie menschliches Leben und die Würde des Menschen verletzt, weil sie menschliches Leben instrumentalisiert.

Daher gilt Folgendes: Unabhängig von der einen oder anderen Theorie des »Lebenswertes«, wie hoch der Wert des Lebens sei, lassen sich moralische Kriterien für einen angemessenen Umgang mit menschlichem Leben entwickeln und anwenden. Diese beiden Dinge entkoppeln sich in der deontologischen Perspektive, für die ich plädiere. Diese Kriterien eines angemessenen Umgangs mit menschlichem Leben können also völlig – oder zumindest weitgehend – unabhängig davon sein, wie man den Wert des menschlichen Lebens bestimmt.

Um ein drastisches Beispiel heranzuziehen: Wenn ich der Auffassung bin, dass Foltern von Staats wegen moralisch – juristisch übrigens auch – in Deutschland unzulässig ist, dann folgt daraus nicht, dass ich dem Vorgang des Folterns einen bestimmten großen *Unwert* beimesse, der so groß ist, dass die möglichen Vorzüge, die eine solche Handlung ja auch haben kann, indem sie Verbrechen aufdeckt oder verhindert, verdrängt werden. Das ist unplausibel. Das Foltern eines Verbrechers, um ein Geständnis zu erreichen, das das Leben eines Opfers rettet, ist natürlich weniger schlimm, weniger negativ als der Tod dieses Opfers.

Es geht nicht um die Abwägung von zwei Werten, sondern es geht um eine Regel. In der deontologischen Ethik und im Recht geht es um Regeln. Die Regel besagt: Foltern von Staats wegen ist verboten und zwar unter allen Bedingungen. Würde man ein moralisches Verbot der Folter von Staats wegen im Rahmen einer teleologischen oder konsequenzialistischen Ethik begründen müssen, dann wäre man zu der höchst unplausiblen Konsequenz gezwungen, dass jedem Akt staatlicher Folter ein solcher Unwert beigemessen wird, dass die möglichen Folgen – Verhinderung von Verbrechen, Verhinderung auch von Todesopfern – bei Weitem oder mindestens aufgewogen werden.

Dann wäre man also gezwungen, einen einzelnen Akt der Folter zu befürworten, wenn damit mehrere oder schwerwiegendere Akte verhindert werden könnten. Der Sinn eines Verbots der Folter besteht aber gerade darin, dass es Einschränkungen für zulässiges Handeln auferlegt und Abwägungsprozessen bestimmter Art einen Riegel vorschiebt.

Humanistischer Individualismus

Ein anderes Beispiel, um die deontologische Perspektive noch etwas plastischer werden zu lassen: Wenn Personen das *Recht auf freie Meinungsäußerung* haben, dann lässt sich das Recht nicht damit begründen, dass in jedem Fall die Folgen dieser freien Meinungsäußerung, also der Wahrnehmung dieses Rechts, positiv sind. Dass es günstiger sei, wenn man alles nur zusammennimmt, wenn der Einzelne dieses Recht für sich jeweils so wahrnimmt, als wenn es anders wäre.

Das ist in hohem Maße unplausibel. Natürlich führt das Recht auf freie Meinungsäußerung auch zu Schäden. Personen sind gekränkt, es entsteht vielleicht eine Unruhe, es kann auch politische Konsequenzen haben, die sehr gravierend sind. Das heißt, allein die Aufdeckung von Sachverhalten kann zum Beispiel den Staat in größte Schwierigkeiten bringen. Von Staats wegen müsste man dies dann verbieten. Nein. Es handelt sich um eine Regel, die wir weiter begründen können, etwa in Gestalt eines *humanistischen Individualismus*. Dass Personen für ihr eigenes Leben verantwortlich sind, dass sie die Möglichkeit haben müssen, auch in der Öffentlichkeit ihre Gründe vorzubringen. Die ganze politische Ordnung in der Demokratie lebt davon, dass Individuen in der Lage und berechtigt sind, ihre jeweiligen Vorstellungen zu entwickeln. Meinungsäußerung steht in einem größeren Kontext eines *autonomischen Ethos.*

Diese einzelne Regel sollten wir aber deontologisch verstehen und nicht konsequenzialistisch oder teleologisch.

Ethik der Werte vs. Ethik der Rechte

Es ist moralisch unzulässig, eine unbeteiligte, unschuldige Person zu töten, um – ein weiteres Beispiel – von einer Vielzahl von möglichen Morden abzuschrecken. Wir dürfen Unschuldige nicht zu Abschreckungszwecken töten, auch wenn die Abschreckung erfolgreich wäre. Das Tötungsverbot unschuldiger Personen ist unbedingt oder absolut, es gilt im Rahmen einer deontologischen Ethik, einer Ethik der Regeln und Prinzipien. Es gilt nicht im Rahmen einer teleologischen, konsequenzialistischen Ethik, die lediglich Folgen gegeneinander abwägt. In der deontologischen Analyse entkoppeln sich moralische Verpflichtungen und Wertbetrachtungen, ohne dass übrigens damit gesagt wäre, dass Wertbetrachtungen moralisch grundsätzlich irrelevant seien.

Eine *Ethik der Rechte* lässt sich nicht in eine *Ethik der Werte* übersetzen. Die Frage nach dem Wert des Lebens gewinnt erst dann ihre Dringlichkeit, wenn die ethische Analyse ausschließlich konsequenzialistisch oder teleologisch wäre, wenn wir immer Werte optimierten. Dann kommt es darauf an, wie groß der Wert des einzelnen Lebens ist. Deontologische Ethiken können die Frage nach dem Wert des Lebens unbeantwortet lassen und doch für konkrete normative Kriterien im Umgang mit menschlichem und möglicherweise auch mit außermenschlichem, tierischem Leben plädieren.

Das kategorische Lebensrecht

Die Zuschreibung individueller Rechte spielt in unserem Überzeugungssystem eine zentrale Rolle. Wir können gar nicht verstehen, was das Recht von uns fordert, wenn wir dies nicht jeweils so verstehen, dass hier Regeln erlassen sind, die wir zu befolgen haben – auch dann, wenn wir im Einzelfall zu einer anderen Abwägung kämen. Individuelle Rechte stecken zum Beispiel Freiheitsspielräume ab, erlegen anderen Interventionsverbote auf, unabhängig davon, ob die Wahrnehmung dieser Freiheitsspielräume jeweils positive Konsequenzen hat.

Individuelle Abwägungen, wie wir sie vorher vorgenommen haben – so zum Beispiel zwischen Lebensspanne und anderen Gütern, oder der Qualität des Lebens –, können zu einer *Theorie des subjektiven Lebenswertes* ausgebaut werden. Aber damit sind die ethischen Fragen noch nicht gelöst.

Wer versucht, eine kohärente ethische Position auf der Grundlage einer Zuschreibung individueller Rechte zu entwickeln, macht sich zwar in seinem Urteil unabhängig von Fragen – wie nach der des Wertes des individuellen menschlichen Lebens –, ist aber auf ein unverzichtbares Element einer Ethik der individuellen Autonomie festgelegt. Es besteht darin, dass Personen, denen wir individuelle Rechte zuschreiben, dann auch die Freiheit haben, auf ihre Rechte zu verzichten. Wir haben alle ein Recht auf Leben. Dieses Recht auf Leben erlegt anderen Interventionsverbote auf. Es verbietet, in einer Weise zu intervenieren, die mein Leben verkürzt. Aber es korrespondiert mit einem autonomistischen Etwas, wonach die Person in letzter Instanz die Alleinentscheiderin darüber ist, in welchem Umfang sie diese Rechte wahrnimmt.

Eine *Ethik der Rechte* kann daher in höherem Maße als eine *Ethik der Werte* die Frage des Erstrebenswerten offen lassen und sich auf eine Abgrenzung derjenigen individuellen Freiheitsspielräume beschränken, die für eine autonome Lebensgestaltung notwendig sind. Man kann der Auffassung sein, dass das individuelle Lebensrecht in dem Sinne einen *kategorischen Charakter* habe und dass es gegen andere Güter nicht abwägbar sei. Dafür haben wir zuvor argumentiert.

Man kann ein solches *kategorisches Lebensrecht* auch als Ausdruck der *Unantastbarkeit menschlichen Lebens* interpretieren. Es wäre ein Trugschluss, daraus abzuleiten, dass Abwägungen zwischen Lebenszeit und anderen Gütern, wie zum Beispiel Schmerzfreiheit, deswegen unzulässig wären. Diese deontologische Perspektive, für die ich hier plädiert habe, die die Unantastbarkeit menschlichen Lebens, das individuelle Recht auf Leben einschließt – das ist ja auch in unserem Rechtssystem, in unseren alltäglichen moralischen Überzeugungen tief verankert –, legt sich weder auf Lebensverlängerung um jeden Preis noch auf ein Verbot der Abtreibung fest. Diese Perspektive schließt moralisch weder passive noch aktive Sterbehilfe aus.

ÜBER MENSCHLICHE FREIHEIT[2]

Die menschliche Freiheit ist eines der ältesten Themen, die die Menschheit überhaupt beschäftigt haben. Man kann sagen, dass die Philosophie fast von ihrem Anbeginn an – wobei sich die Vor-Sokratik damit interessanterweise noch nicht beschäftigt hat – immer wieder auf dieses Thema zurückkommt. In immer neuen Anläufen setzt sie sich damit auseinander, was eigentlich die menschliche Freiheit und Verantwortlichkeit ausmacht und wie Freiheit und Verantwortung miteinander zusammenhängen.

---

[2] Vgl. detaillierter: »Über menschliche Freiheit«, Stuttgart: Reclam 2005.

Wenn man zu erklären versucht, warum das die Menschen offenbar nicht loslässt, dann scheint mir vor allem eine Erklärung sehr plausibel zu sein: Die Freiheit, die wir empfinden, ist das Gefühl. Ich entscheide, ob ich jetzt hier stehe oder gehe, Sie entscheiden, ob Sie weiterlesen oder nicht. Es ist etwas, was ganz unter unserer eigenen Kontrolle ist. Darüber hinaus haben wir nicht erst seit heute, sondern schon seit der Antike eine sehr starke Intuition, die etwa Folgendes besagt: Jedes Ereignis der Welt hat seine Ursache. Nichts passiert zufällig, nichts passiert willkürlich, es gibt Gesetzmäßigkeiten, die einen Zusammenhang herstellen zwischen Ereignissen jetzt und Ereignissen später, zwischen Weltzuständen jetzt und Weltzuständen später.

Selbstbild und Weltbild

Damit ergibt sich ein Spannungsverhältnis zwischen unserem Selbstbild als Akteure, als Verantwortliche, als diejenigen, die Autoren ihres Lebens sind, und auf der anderen Seite unserem Weltbild, das im Lauf der Geschichte der Menschheit immer mehr durch wissenschaftliche Forschungsergebnisse angereichert wurde. Die These also: Wir kriegen die Freiheitsthematik deshalb nicht los, weil es ein Spannungsverhältnis zwischen Selbstbild und Weltbild gibt.

Gegenwärtig erlebt diese Thematik wieder einmal eine Boomphase. Typischerweise wurde diese durch den Erfolg einer Naturwissenschaft ausgelöst, nämlich der Neurowissenschaft. Es gibt da ganz unterschiedliche Untersuchungsmethoden und einige auch durchaus provokative Thesen einiger Neurowissenschaftler, vor allem in Deutschland. Sie besagen, dass die Neurowissenschaft jetzt bewiesen habe, dass unser Selbstbild – Selbstbild als verantwortlich und frei – empirisch widerlegt sei. Wir geben uns da einer Täuschung, einer Illusion hin. Offen bleibt zunächst, was für Konsequenzen das im Einzelnen haben soll. Muss das Strafrecht dann reformiert werden oder nicht? Jedenfalls haben das viele, vor allem in den Feuilletons und zum Teil auch in den wissenschaftlichen Disziplinen als eine Herausforderung an unser Selbstbild empfunden.

Wird das Selbstbild als freier, verantwortlicher Akteur grundlegend infrage gestellt oder nicht?

Ich selbst habe mich mit dieser Thematik schon vor vielen Jahren auseinandergesetzt. Zunächst einmal ganz unabhängig von der neurowissenschaftlichen Herausforderung. Dann habe ich versucht, die verschiedenen Stränge der Überlegungen so kompakt wie nur möglich zusammenzufassen. Daraus ist ein kleines Büchlein hervorgegangen. Es hat den Titel »Über menschliche Freiheit« (Reclam, 2005). Das ist nicht sehr umfangreich, so etwa 170 Seiten, aber zugegebenermaßen ist es zum Teil nicht sehr einfach zu lesen.

Was ich mir jetzt vorgenommen habe, ist nicht, Ihnen diese Lektüre zu ersparen, sondern in sehr knapper, kompakter Form, in einer Sprache, die auch für diejenigen verständlich ist, die sich nicht intensiver mit Philosophie beschäftigt haben, die Grundgedanken zur Frage *Was ist menschliche Freiheit?* so zu erläutern, dass sie dann vielleicht auch mehr Gewinn von der Lektüre dieses Textes und vieler anderer Texte, die gegenwärtig auf dem Markt sind, haben.

Freiheit und Verantwortung

Auf der ersten Etappe dieses »Gedankenausflugs« – so wollen wir das einmal nennen – versuche ich, genauer zu klären, welche Rolle Freiheit und Verantwortung eigentlich in unserer Lebenswelt, in unseren alltäglichen Interaktionen, in der Art und Weise, wie wir uns verständigen, spielen. Man könnte vermuten, gar keine.

Wir machen uns gegenseitig Vorwürfe, wir loben uns, das heißt, wir nehmen wertend Stellung zu fremdem Handeln und – wenn wir selbstkritisch sind – auch zu eigenem Handeln. Wir beurteilen die Überzeugungen, die Äußerungen von anderen Personen und von uns selbst, wir tauschen Gründe aus. Aber ein genauerer Blick zeigt, dass diese Alltagspraxis, an der wir alle teilhaben, bestimmte Voraussetzungen hat. Philosophen nennen das gern *Präsuppositionen*, Voraussetzungen, die unverzichtbar sind, ohne die diese Praxis gar nicht verständlich wäre, ja eigentlich gar nicht existieren könnte. Und zu diesen Voraussetzungen gehören Freiheit und Verantwortung.

Das muss ich kurz erläutern. Machen wir es einmal ganz konkret: Nehmen wir bestimmte moralische Gefühle, auch *reaktive Einstellung* gegenüber anderen Personen, wie verzeihen, etwas übel nehmen oder auch Dankbarkeit. Das sind zentrale Gefühle. Man kann sich kaum vorstellen, dass eine soziale Welt, jedenfalls so, wie wir sie kennen, ohne solch moralische Gefühle und reaktive Einstellungen existieren könnte. Reaktive Einstellungen insofern, weil wir damit auf Handlungen oder Äußerungen reagieren. Wir verzeihen etwas, nachdem wir es übel genommen haben. Jetzt haben wir den Eindruck, die Person ist zur Einsicht gekommen. Sie bereut auch, was sie getan hat, vielleicht hat sie sich entschuldigt.

Moralische Gefühle und reaktive Einstellungen

Die These lautet zunächst: Ohne diese moralischen Empfindungen und reaktiven Einstellungen gäbe es die Praxis, an der wir alle teilhaben – nennen wir sie die *moralische und soziale Praxis unserer Alltagswelt* –, nicht. Die Frage, die sich jetzt stellt, ist, ob Freiheit dabei eine Rolle spielt.

Nehmen wir folgendes Beispiel: Eine Person hat mir einen Brief geschrieben, in dem sie mich beleidigt. Ich bin deshalb schlecht auf diese Person zu sprechen, ich nehme ihr das übel. Ich denke, sie hatte keinen Grund dazu, mir solch einen Brief zu schreiben. Eines Tages stelle ich die Person zur Rede und frage, wie das denn erklärlich ist, was sie getan hat. Ich mache dem Briefschreiber Vorhaltungen. Dann stellt sich zu meiner Überraschung heraus, dass es sich hier um eine Art Kriminalfall handelt, dass die Person entführt und erpresst und dazu gezwungen worden war, diesen Brief zu schreiben. Ich nehme an, jeder von uns ändert schlagartig seine Einstellung, wenn er das erfährt. Diese Person ist exkulpiert, das Übelnehmen meinerseits ist nicht mehr begründet. Ich muss ihr nicht einmal verzeihen, weil ich keinen Grund hatte, etwas übel zu nehmen. Warum hatte ich keinen Grund, etwas übel zu nehmen? Weil ich jetzt weiß, dass der andere in Wirklichkeit nicht frei, sondern unter Zwang gehandelt hat. Er hat nicht aus Gründen, aus Überzeugungen, so gehandelt, sondern weil ihm keine andere Option des Handelns offen stand, außer er hätte damit große Probleme heraufbeschworen.

Das heißt also, wir schreiben uns wechselseitig Verantwortung für unsere Taten – einschließlich des Schreibens beleidigender Briefe – nur unter der Voraussetzung wechselseitiger Freiheit, nämlich der Freiheit, so oder auch anderes handeln zu können, zu. Oder etwas spezifischer: bestimmte Gründe für das, was wir tun, gehabt zu haben. Das, was wir taten, war das Ergebnis der Abwägung von Gründen.

Subjektive und objektive Einstellung

Ich habe jetzt indirekt auf einen epochalen Aufsatz von Peter Strawson angespielt, der aus den Anfangsjahren der 1960er stammt und der den Titel »Freedom and resentment« trägt. Darauf nehmen noch viele Philosophen Bezug, wenn sie sich mit dieser Thematik auseinandersetzten. Ich korrigiere jetzt das, was Strawson und seine Anhänger aus diesem Aufsatz ziehen, weil ich glaube, dass er eine Schlagseite hat, die in die Irre führt. Bei Strawson wird das so dargestellt: Es gibt zwei Arten von Einstellungen. Subjektive Einstellungen, das sind moralische und viele weitere Gefühle. Das bindet uns aneinander. Sie sind gewissermaßen der Mörtel des sozialen Lebens. Auf der anderen Seite haben wir eine objektive Einstellung. Da wird der andere zum Objekt, auch zum Objekt der Beeinflussung und der Manipulation.

Die These von Strawson ist nun: Wir sind aufgrund dieser subjektiven Einstellung, dieser auf moralischen Gefühlen beruhenden Einstellung, Teil der sozialen Welt. Wir würden die Verbindung zur sozialen Welt verlieren, wir würden radikal vereinzeln und vereinsamen, wenn wir gegenüber anderen eine objektive Einstellung einnähmen.

Das ist von großer Bedeutung und sicher auch nicht ganz falsch, denn gibt es doch viele in der Geschichte des Denkens über Freiheit, die gesagt haben, die Problematik mit Ethik und Verantwortung einerseits und Freiheit andererseits wäre ganz einfach zu lösen. Wir müssten nicht annehmen, dass die Leute frei sind, um verantwortlich zu sein. Es genügt, dass wir annehmen, dass unser Tadeln, unser Kritisieren, die Vorhaltungen, die wir machen, einen Einfluss auf das haben, was die Menschen tun. Das heißt, es gibt einen rationalen Grund, moralisch oder mit Mitteln des Rechts Sanktionen aufzuerlegen, die die Menschen dazu bringen, so zu handeln, wie wir uns das wünschen. Die handeln dann aber nicht aus Freiheit, sondern aus Angst vor Sanktionen. Das sei die Auflösung des uralten Problems: Wie passt Verantwortung in eine Welt, in der es keine Freiheit gibt?

Das ist zum Beispiel die Antwort, die Moritz Schlick in den 1930er-Jahren gegeben hat, ein Anhänger des »Wiener Kreises«, der die ganze Philosophie reformiert, geradezu revolutionär verändert hat und der mit vielen anderen genau diese These aufgestellt hat. Sie taucht gegenwärtig in den Debatten zwischen Neurowissenschaft und Philosophie wieder auf. Wir sollten die Freiheit streichen und Verantwortung übersetzen in Sanktionen, Anreize, die wir den Menschen auferlegen.

Strawson – und ich glaube, in dem Punkt hat er recht – setzt dagegen, dass wir so alle anderen zum Objekt der Manipulation machen würden. Sie werden Gegenstände unserer Beeinflussung. Wir interagieren damit nicht mehr in der gleichen Weise, wie wir das gewohnt sind, sondern wir würden uns »distanzieren« und damit vereinzeln.

Jetzt kommt das Aber: Werfen wir zum Beispiel einen genaueren Blick auf folgenden Fall, den viele – in Zukunft wahrscheinlich prozentual noch weit mehr als jetzt – aus ihrer eigenen Familie kennen: Menschen werden älter, und viele von ihnen – nicht alle, aber viele, und mit sehr hohem Alter nimmt der Prozentsatz stark zu – haben Alzheimer. Eine Krankheit, die bislang nicht heilbar ist und die dazu führt, dass die Menschen vergesslich werden, dass sie Probleme haben, ihr Leben lang- und mittelfristig zu strukturieren. In der Regel können sie zwar zumindest in der ersten Phase der Krankheit ganz normal kommunizieren, wiederholen sich dann aber oft. Das, was gerade vereinbart worden war, wird wieder vergessen. Die Verlässlichkeit nimmt dramatisch ab, die Vergesslichkeit nimmt extrem zu, und irgendwann tritt dann der Zeitpunkt ein, ab dem die Person betreuungsbedürftig wird.

Tribunal der guten Gründe

Alzheimer ist deswegen ein interessanter Fall, weil die Menschen, die diese Entwicklung als Beobachter erleben, in der Regel erst einmal möglichst lange die normalen *Interaktionen*, die normale Form des Austauschs von Gründen, der Vorhaltungen, der Kritik aufrechterhalten. Ich bin kein Psychologe, aber ich glaube, dass das sogar gut ist, weil es die Person, die an Alzheimer erkrankt ist, zwingt, durch Anstrengung möglichst lange ein Mitglied der Gesellschaft zu bleiben, noch weitgehend normal zu agieren.

Blenden wir noch einmal auf die Begriffe, die ich vorher verwendet habe, zurück. Irgendwann wird Übelnehmen, Kritisieren, auch Verzeihen nicht mehr sinnvoll sein, weil wir wissen, dass die Person nicht mehr abwägend handeln kann, weil sie ihr Handeln nicht mehr unter Kontrolle hat. Wir werden gegenüber dieser Person also eher eine Einstellung des Betreuens und der Hilfestellung einnehmen.

Ich halte es nun für schief, ja eigentlich sogar für gefährlich zu sagen, die ursprüngliche Einstellung war eine subjektive, emotionale, eine – um einen Begriff von Strawson zu verwenden – von *attachment* geprägte und die spätere eine von Distanz und Objektivierung geprägte Einstellung.

Das muss keinesfalls so sein. Der positive Fall ist sogar der, dass die emotionale Verbundenheit mit der Hilfsbedürftigkeit der betreffenden Person zunimmt. Dass also von einer *Objektivierung* gar keine Rede sein kann und – jetzt die andere Seite – es ein schiefes Bild ist, wenn man unsere alltäglichen Interaktionen unter erwachsenen, zurechnungsfähigen Personen als *von Emotionen hauptsächlich geprägt* charakterisiert.

Das Entscheidende in diesem Austausch ist, dass wir erwachsenen, zurechnungsfähigen Personen zumuten, dass sie Gründe haben, für das was sie tun. Sie können gewissermaßen vor das *Tribunal der guten Gründe* gezerrt werden, um es etwas dramatischer zu formulieren. Das ist konfliktträchtig, gibt es doch unterschiedliche Auffassungen darüber, was richtig und was falsch ist. Das Austauschen von Gründen, das Gründegeben und Gründenehmen, ist ein Prozess, der eine gewisse Objektivität voraussetzt, nämlich das Bemühen um die wohlbegründete Handlung, die wohlbegründete Überzeugung. Und das ist eben nicht lediglich subjektiv, sondern das hat zumindest eine sehr starke objektive Komponente.

Insofern unterscheidet sich meine Position, die ich im nächsten Schritt noch etwas genauer erläutern werde, von derjenigen Strawsons, weil ich mehr auf das Austauschen von Gründen, auf die Objektivität, die im Austauschen von Gründen eingelassen ist, setze, während Strawson mehr die Gefühle in den Vordergrund stellt. Strawson ist gewissermaßen *Sentimentalist,* und ich bin in diesem Punkt eher *Rationalist.*

Universale Determination und menschliche Freiheit

Wir haben uns jetzt über die Rolle von Freiheit oder der *Präsupposition* von Freiheit in unserer Lebenswelt Gedanken gemacht und sind zu dem Ergebnis gekommen, dass es die Gründe sind, der Austausch von Gründen, die wir – erwachsene, zurechnungsfähige, verantwortliche Personen – voraussetzen müssen und denen wir insofern Freiheit zuschreiben. Die Personen haben die Möglichkeit zu wählen, dies oder jenes zu tun. Sie wägen Gründe ab und kommen auf der Basis dieser Abwägung zu einem Entschluss oder zu einer Überzeugung.

Jetzt werfen wir einen Blick auf die Wissenschaften und deren Entwicklung. Welche Rolle spielt darin die Freiheit oder auch nicht? Tendenziell ist die Entwicklung der empirischen wie auch der theoretischen Naturwissenschaft erst einmal freiheitsfeindlich. Freiheit ist ein *Corpus alienum*, ein Fremdkörper, in der wissenschaftlichen Analyse. Das beginnt übrigens nicht erst in der Neuzeit oder in der Moderne, sondern sehr viel früher. Es gibt einen Vorläufer in der Philosophie der modernen deterministischen Physik, der klassischen Physik, also der von *Isaac Newton* bis zum Ende des 19. Jahrhunderts und auch noch zu einem guten Teil des 20. Jahrhunderts. Diese Auffassung besteht darin, dass wir für jedes Ereignis Ursachen angeben können. *Kausalität* ist nach diesem Verständnis ein gesetzmäßiger Zusammenhang. Es ist nicht zufällig, nicht willkürlich, sondern gesetzmäßig. Es sind *Regularitäten,* die *Kausalität* stiften.

Menschliche Freiheit in der Stoa

Diese Erkenntnis ist alt. Schon die griechische *Stoa, das stoizistische Denken,* war überzeugt, dass die Welt von allgemeinen Gesetzen bestimmt sei, dass alles, was geschieht, gesetzmäßig sei. Das sahen die Stoiker als Ausdruck des *Logos,* also der Weltvernunft. Die Welt ist entsprechend universalen Gesetzmäßigkeiten und universaler Determination geordnet. Wir Menschen können mit der Vernunft einsehen, welche Gesetzmäßigkeiten das sind. Es ist eine Vision, die im Grunde erst sehr viel später in Form der modernen Naturwissenschaft, speziell der Physik, Gestalt annimmt.

Jetzt wird es für unsere Thematik interessant, denn schon die Stoiker hatten genau das gleiche Problem, das wir heute haben. Nämlich: Wie passt in eine solche Welt der *universalen Determination* nach Gesetzen die menschliche Freiheit? Dazu gibt es unterschiedliche Antworten.

Einige Stoiker glaubten, sich folgendermaßen behelfen zu können: Sie unterschieden zwischen den Dingen, die sie *adiaphora* nannten. Dinge, zwischen denen zu unterscheiden keinen Sinn macht. Διαφέρειν heißt im Altgriechischen *unterscheiden*. Adiaphora sind Dinge, gegenüber denen wir indifferent sein sollten, die passieren, ohne dass wir darauf Einfluss haben.

Und dann gibt es Ereignisse, Vorgänge, die sind ἐφ' ἡμῖν – *eph' hēmîn* im Altgriechischen. Es gibt eine schöne englische Übersetzung, nämlich *up to us*. Das passt in diesem Fall ganz genau. *It's up to me,* das ist etwas, was ich unter Kontrolle habe, was ich entscheide, für das ich verantwortlich bin. Und die Stoiker sagten nun, dieses *eph' hēmîn*, das, *was up to us* ist, entscheidet über eigene Verantwortung und Autorenschaft im Leben.

Wie ist das nun vereinbar mit universaler Determination? Manche Stoiker stellten sich das so vor, dass der Strom der Kausalität durch die Person hindurchgeht. Die Person ist nach wie vor Teil dieses deterministischen Weltgefühls, aber da die Kausal-Relationen durch sie hindurchgehen, sind sie verantwortlich für das, was passiert.

Die Theodizee-Problematik

Viele hat das nicht überzeugt. Manche meinen sogar, der Niedergang des stoizistischen Denkens hänge mit der Ungelöstheit dieser Problematik zusammen. Das gleiche Problem, nur in etwas anderer Terminologie, taucht dann später im christlichen Mittelalter auf, jetzt unter dem Vorzeichen: Gott ist allwissend. Allmächtig heißt, er bestimmt jedes Ereignis, jede Handlung, jede Überzeugung, auch jeder einzelnen

Person. Und allwissend bedeutet: Er weiß, was in der Zukunft passieren wird.

Ist eine solche allmächtige und allwissende Gotteseigenschaft vereinbar mit menschlicher Freiheit, menschlicher Sünde, menschlicher Verantwortung? Auch dem menschlichen Drama bei Leid und Tod? Das nannte man die *Theodizee-Problematik.*

Wie kann es denn sein, dass Menschen für das, was sie tun, verantwortlich sind, von Gott zur Rechenschaft gezogen werden, sich unter Umständen vor dem Jüngsten Gericht rechtfertigen müssen, wenn doch alles eine Entscheidung Gottes ist – und im Übrigen immer schon feststeht, was in Zukunft der Fall sein wird? Man sieht sofort, dass das genau die gleiche Problematik ist, die auch die *Stoa* diskutiert hat.

Der Determinismus der Newton'schen Mechanik

Jetzt machen wir einen Sprung, historisch sogar einen ziemlich großen. Mit *Isaac Newton* entsteht eine wunderbar klare, übersichtliche Physik. Man nennt sie gern die *klassische Physik*. Sie dreht sich insbesondere um die Mechanik, die *Newton'sche Mechanik,* die auf einem einzigen Gesetz beruht, nämlich *Kraft ist Masse mal Beschleunigung.*

Damit lassen sich Planetenbewegungen ebenso wie Pendelbewegungen erklären. Das Einzige, was da an Empirie zusätzlich eingehen muss, ist die Kenntnis der Kräfte zwischen den bewegten Teilchen, die wirken. Zum Beispiel wirkt zwischen Planeten und Sonne eine Gravitationskraft, abhängig von der Masse.

Die Idee ist einfach zu erklären. Man stelle sich einmal vor, die ganze Welt bestehe aus kleinen Masseteilchen, die bestimmte Kräfte erfahren. Kräfte, die vom Abstand, von der Masse, von der elektrostatischen Ladung abhängen. Dann weiß man noch, dass im Kern der Atome ebenfalls Kräfte wirken. Das ist es. Dann könnte man doch jeden Vorgang in der Welt dadurch erklären, dass man ihn auf *Kraft ist Masse mal Beschleunigung* zurückführt, in Kenntnis der Kräfte, der Massen, der Impulse, der Teilchen.

Das heißt aber, wenn wir einmal einen Zustand der Welt vollständig beschrieben hätten, mit den Orten und Impulsen der Teilchen und den Kräften, die zwischen den Teilchen wirken, könnten wir die gesamte spätere Weltentwicklung vorhersagen. Ist man nun zudem der Auffassung, dass der Mensch auch nichts anderes als eine Agglomeration von Teilchen, zwischen denen Kräfte wirken, sei, dann findet sich in dieser Vorstellung sicher kein Platz für Freiheit.

Der cartesianische Dualismus

Nun gibt es eine prominente Sichtweise, die häufig als *Cartesianismus* bezeichnet wird. Das hängt mit *Descartes* zusammen, der zu Beginn der Neuzeit mit einer radikalen Skepsis das Wissenschaftsprogramm gewissermaßen mit initiiert hat, was dann in den folgenden Jahrzehnten und Jahrhunderten umzusetzen versucht wurde. Descartes war der Auffassung, man könne die Welt nur angemessen erfassen, wenn man zwischen den *re extensa,* wie er es nannte, den ausgedehnten Dingen einerseits und der Seele andererseits unterscheidet. Das ist der cartesianische Dualismus.

Er kam zu dem Ergebnis: Der eine Bereich lässt sich präzise mathematisch erfassen, der andere Bereich nicht. Beide wirken aufeinander ein. Es ist klar, dass wir von den natürlichen Bedingungen unseres Lebens nicht unabhängig sind, aber wir wirken mit unserer Seele auf die ausgedehnten Dinge, auf die Gegenstände der Naturwissenschaften – Materie und Energie – ein.

Die Art von Dualismus ist heute herausgefordert durch die empirischen Befunde, dass es eine sehr enge Korrelation zwischen neurophysiologischen Prozessen in unserem Gehirn gibt, die heute zum Teil mit bildgebenden Verfahren sichtbar gemacht werden können. An welchen Stellen finden Aktivierungen statt – so eine Art Kartografie –, wo ist was verankert, was geht in unserem Gehirn vor sich, wenn bestimmte subjektive Veränderungen erfolgen? Was passiert, wenn wir zum Beispiel Angst haben oder Absichten ausbilden? Gegenwärtig ist *mind reading* ja ein durchaus interessantes Modethema.

Kann man also aufgrund solcher Lokalisierungen von Hirnaktivitäten sagen, was die Person denkt oder was sie beabsichtigt? Bei diesen Analysen spielen Bereitschaftspotenziale eine wichtige Rolle. Es wird zunehmend unplausibel, eine *Zwei-Welten-Theorie* aufzustellen. Die eine ist frei – da hat Verantwortung und Ähnliches einen Platz –, und die andere ist physisch, untersteht physikalischen, deterministischen Gesetzmäßigkeiten. Beide nehmen aufeinander Einfluss, sind aber zunächst einmal unabhängig voneinander. Diese Art von Dualismus lässt sich heute schwer aufrechterhalten.

Gründe und Ursachen

Jetzt ist es Zeit, die Brücke zwischen Lebenswelt und Wissenschaft zu schlagen. In der Lebenswelt spielen die Gründe eine ausschlaggebende Rolle. Gründe, die wir uns auch wechselseitig zumuten. Wir verlangen, dass Menschen

Gründe angeben können für das, was sie tun, wie auch für ihre Überzeugungen. Wir tauschen Gründe aus. In der Wissenschaft geht es um Ursachen. Ursachen, die – das ist jedenfalls die dominierende Auffassung – über gesetzmäßige Zusammenhänge bestimmt sind.

Wie hängen Gründe und Ursachen zusammen? Das ist eines der schwierigsten Themen überhaupt, und es ist nicht so, dass ich Ihnen jetzt eine einfache, sichere Lösung präsentieren kann. Ich will aber einige Klärungsschritte gehen. Ich glaube, dass das dann auch ausreichen müsste, um sich ein klares Bild zur Rolle der Freiheit für die menschliche Existenz zu machen.

Zunächst zeige ich die Ursachen und ihre Rollen in der Wissenschaft auf. Es gibt eine sehr weitverbreitete Auffassung, die außerhalb der Wissenschaft vertreten wird. Wenn ich angeben kann, aus welcher Ursache heraus etwas passiert, dann ist das nichts anderes als eine Gesetzmäßigkeit auf dieser Basis, die mir alle zukünftigen Möglichkeiten angibt, wie sich dieser Bereich entwickeln wird.

Aus der Astronomie haben wir so schöne Bilder vor Augen. Sie können auf Jahrzehnte, Jahrhunderte, ja Jahrtausende voraussagen, welche Sternen- oder Planetenkonstellation zu welchem Zeitpunkt bestehen wird. Was brauchen Sie dazu? Sie brauchen Gesetzmäßigkeit und eine präzise Beschreibung des jeweiligen Ausgangszustandes.

Verbindungen von Kausalität und Energie

Tatsächlich ist das Verhältnis weit komplizierter. Zum einen ist Anfang des letzten Jahrhunderts eine heftige Debatte darüber entbrannt, ob man überhaupt den *Kausalbegriff,* den Ursachenbegriff, noch aufrechterhalten sollte. *Bertrand Russell,* einer der wichtigsten Philosophen des 20. Jahrhunderts, zumindest der ersten Hälfte des 20. Jahrhunderts, kommt zu dem Ergebnis: nein. Er schrieb einen sehr klaren Aufsatz, in dem er sagt, von *Kausalität* sollten wir gar nicht reden. Wir sollten auf den Kausalitätsbegriff verzichten, weil er sich nicht explizieren lässt, weil sich nicht klar sagen lässt, was Kausalität eigentlich ist.

Bis heute ist es in der Tat so, dass es keinen unumstrittenen Kausalitätsbegriff oder eine Präzision dessen gibt, was Kausalität im Kern eigentlich ausmacht. Es gibt ein Argument, das man häufig aus den Naturwissenschaften hört, weniger aus der Physik, sondern aus der Neurowissenschaft und aus der Biologie. Das geht kurz und bündig folgendermaßen: Wir wissen, dass die Energie in einem geschlossenen System nicht zu- und auch nicht abnimmt. Das ist der *Energieerhaltungssatz,* also ein Hauptsatz der klassischen Thermodynamik, einer der wenigen Theoreme oder Sätze der klassischen Physik, der durch die moderne Entwicklung der Quantenphysik und der Relativitätstheorie nicht infrage gestellt worden ist. Der Energieerhaltungssatz hat diese Revolution in der Physik überlebt.

Da der Energieerhaltungssatz gilt, kann es gar nicht sein, dass das Mentale Einfluss nimmt auf das Nicht-Mentale, auf das Physiologische, auf die Neuroprozesse im Gehirn, auf die Gegenstände, die in der Biologie, in der Chemie und in der Physik analysiert werden. Der Energieerhaltungssatz verhindert, dass eine solche Einflussnahme besteht. Es kann gar nicht so sein, dass wir mit unseren Entscheidungen Einfluss nehmen auf den Gang der Welt, denn unsere Entscheidungen sind ja Ausdruck unserer mentalen Zustände, Intentionen, Absichten, Wünsche und dergleichen mehr.

Einflussnahme auf den Gang der Welt

Nun, dieser beliebte Einwand beruht auf einem Denkfehler. Den kann man sich folgendermaßen klarmachen: Wenn Sie ein Teilchen haben, das sich bewegt und auf dieses Teilchen wirkt eine Kraft im rechten Winkel zur Bewegungsrichtung, dann verändert sich – das ist Schulphysik – der weitere Gang dieses Teilchens, es wird seine Richtung ändern. Wenn zum Beispiel im rechten Winkel von rechts diese Kraft wirkt – und angenommen diese Kraft ist konstant –, dann beschreibt dieses Teilchen, solange diese Kraft im rechten Winkel zur Bewegung einwirkt, einen Kreis. Je nachdem, wie stark die Kraft ist, hat der Kreis einen kleineren oder einen größeren Radius. Wenn die Kraft abbricht, bewegt sich das Teilchen wieder geradlinig, gleichförmig weiter.

Das ist offensichtlich ein Beispiel für Einflussnahme, für eine Veränderung in der Welt. Dieses Teilchen wird nämlich woanders auftreffen, als es aufgetroffen wäre, wenn diese Kraft – Transversalkraft nennen das die Physiker – nicht eingewirkt hätte. Da sich aber die kinetische Energie des Teilchens dabei nicht ändert – die Kraft wirkt ja im rechten Winkel auf ihre Richtung –, ändert sich auch am energetischen Zustand nichts. Es ist also ein Irrtum, dass Kausalität und Energie so eng miteinander verbunden sind, dass man mit diesem Argument allein schon die kausale Unwirksamkeit von mentalen Zuständen, Wünschen, Intentionen, Absichten und Entscheidungen belegen könnte.

Dennoch müssen wir noch einmal genauer hinschauen. Angenommen, wir wirken mit unseren Entscheidungen auf den Verlauf der Welt ein. Dabei stellt sich natürlich sofort die Frage: Müsste sich dies nicht in einer Unvollständigkeit der naturwissenschaftlichen Beschreibung dieser Welt äußern? Wenn wir zu den Naturwissenschaften Physik, Chemie, Biologie und Neurowissenschaften – um nur die Wichtigsten zu nennen – zählen, dann wissen wir ungefähr, was gemeint ist. Auch wenn es in jeder dieser Wissenschaften um etwas anderes geht, in keinem Fall dreht es sich um Wünsche, Absichten, Entscheidungen, Hoffnungen und dergleichen mehr. Gründe gehören nicht zu den Themen, die sie untersuchen, beschreiben oder analysieren können.

Die Debatte um die Erklärungslücke

Der Zusammenhang, der sich da zeigt, könnte folgendermaßen beschrieben werden: Wenn wir mit unseren Entscheidungen auf die Welt einwirken, gibt es eine kausale Rolle unserer Absichten, unserer Wünsche, unserer Intentionen usw. Dies ist eine Herausforderung für die

Naturwissenschaft, denn es müsste dann *Erklärungslücken* geben. Das ist exakt die *Debatte um die Erklärungslücke.*

Es gibt verschiedene Varianten dieser Debatte. Eine sehr interessante Variante ist die sogenannte *Qualiadebatte,* die folgendermaßen verständlich gemacht werden kann: Da gibt es die berühmt gewordene Figur einer perfekten Neurowissenschaftlerin mit dem Namen *Mary.* Die weiß alles über das menschliche Gehirn, wächst allerdings in einer schwarz-weißen Umgebung auf. Sie ist in Zimmern groß geworden, die keine Farben haben, alle Gegenstände sind schwarz-weiß. Sie ist schwarz-weiß angezogen usw. Nun wollen wir annehmen, dass sie alles über die menschliche Farbwahrnehmung und alle neurophysiologischen Prozesse, die diese Farbwahrnehmung begleiten, kennt. Die Frage ist: Weiß sie, wie es sich anfühlt, etwas Rotes, etwas Grünes oder etwas Blaues zu sehen?

Es ist sehr plausibel anzunehmen, dass sie das nicht weiß. Sie weiß das erst dann, wenn sie ihre schwarz-weiße Welt verlässt und zum ersten Mal einen Baum vor sich hat oder in den Himmel schaut. Das heißt, es gibt eine Lücke zwischen der neurowissenschaftlichen Beschreibung einerseits und den *Qualia,* also unseren Wahrnehmungszuständen, andererseits. Das kann man natürlich weiter fassen. Auch bei einer vollständigen neurowissenschaftlichen Beschreibung können wir vieles nicht wissen, und zwar ganz wesentliche Dinge.

Freiheit und Wissenschaft

Jetzt will ich in sehr knapper Form klarmachen, was erstens Freiheit ist und zweitens, wie sich Freiheit in die Wissenschaft einbetten lässt.

Freiheit, so wie sie in unserer Lebenswelt erscheint, hat etwas mit der Fähigkeit zu tun, sich durch Gründe leiten zu lassen, was Überzeugungen und Handlungen angeht. Wenn vor aller *Deliberation,* vor aller Abwägung von Gründen, immer schon festläge, was ich am Ende tue, dann hätten wir in der Tat ein Problem mit unserem Selbstbild, mit unseren lebensweltlichen Interaktionen. Dann wäre das eigentlich überflüssig. Das ist – schon aus Gründen der Evolutionsgeschichte – hochgradig unplausibel. Warum denn, um Himmels willen, hat unsere Spezies dieses gigantische Gehirn ausgebildet, vor allem mit seinen vorderen Teilen, die sich hinter der Stirn verbergen, wenn dies alles doch immer nur *ex post* aktiv wird, wenn immer schon vorher festliegt, was ich tue, bevor die Deliberation, die Abwägung, überhaupt einsetzt. Das ist schon aus Evolutionsgründen wenig plausibel.

Wenn wir annehmen können, dass Deliberationen für das, was wir tun, eine Rolle spielen – in dem Sinne, dass vor jeder Deliberation nicht immer schon festliegt, was wir tun –, dann sind wir frei. Oder, um es noch prägnanter zu formulieren: *Freiheit ist die naturalistische, also mithilfe der Naturwissenschaften beschreibbare Unterbestimmtheit unserer Gründe.* Selbst wenn wir naturwissenschaftlich alles wissen, was wir wissen können, bleibt immer noch der Bereich der Gründe, der Deliberationen, ungeklärt.

Das wäre die These. Eine relativ starke These, die aber auch nicht viel stärker ist als die, dass – auch wenn wir alles klären, was unsere neurophysiologischen Prozesse bezüglich der Farbwahrnehmung ausmachen – wir immer noch nicht wissen, was oder wie es ist, eine Farbe wirklich wahrzunehmen. Die *Qualia* sind damit noch nicht erfasst.

Meine persönliche Überzeugung – oder vielleicht sollte ich besser sagen, Vermutung – ist die, dass sich diese Unterbestimmtheit der Gründe durch Prozesse, die in den Neurowissenschaften und in der Physik, Chemie und Biologie beschreibbar sind, in naturwissenschaftlichem Sinne nicht in einer Erklärungslücke niederschlägt, jedenfalls nicht niederschlagen muss. Wir haben in dieser Hinsicht keine fundamentale Herausforderung der Naturwissenschaft, auch wenn wir Freiheit in dem erläuterten Sinne akzeptieren.

Die unvollständige Vollständigkeit der Physik

An einem Beispiel will ich klarmachen, dass das nichts mit mentalen Zuständen zu tun hat.

Stellen Sie sich ein laufendes Pferd vor. Dieses Pferd ist ein biologisches System und selbstverständlich auch ein neurophysiologisches System mit Blutkreislauf, Muskulatur usw. Aber das klammern wir hier völlig aus.

Stellen Sie sich jemand vor, der ausschließlich mit den Mitteln der Physik diesen Prozess des Laufens analysiert. Der wird alles Mögliche feststellen. So zum Beispiel, dass sich bestimmte elektrostatische Felder in einem bestimmten zeitlichen Ablauf verändern. Er wird viele Ereignisse feststellen. Das Auftreffen eines Hufes auf der Erde mit einer bestimmten Kraft usw. Und angenommen, er beschreibt nun, lediglich mit physikalischen Mitteln und physikalischen Gesetzen, was da vor sich geht, dann ist nicht anzunehmen, dass es irgendeine Erklärungslücke geben wird. Die Erklärung wird im physikalischen Sinne vollständig sein. Jedes physikalische Ereignis, das er beschreibt, kann er im Prinzip auch mit physikalischen Begriffen, mit Gesetzmäßigkeiten, kausal erklären. Alles, was da passiert.

Die physikalische Beschreibung eines laufenden Pferdes ist – physikalisch gesehen –

vollständig. Wenn man aber aus der Perspektive der Biologie auf diesen Vorgang blickt, dann fehlt die Beschreibung all der biologischen Eigenschaften dieses Systems *laufendes Pferd*, das mit biologischen Begriffen und biologischen Gesetzmäßigkeiten erfasst werden kann. Das ist aber keine Erklärungslücke auf der Ebene der Physik.

Nicht alles lässt sich auf die Physik reduzieren

Lange Zeit bestand die Hoffnung, dass man alles auf die Physik reduzieren könne. Heute sieht es nicht so aus, als ob diese Hoffnung in Erfüllung geht. Auch die heutige Biologie scheint sich nicht in dem Sinne reduktionistisch auf die Physik reduzieren zu lassen. Und jetzt setzen Sie diese Stufung einfach fort: Die Biologie lässt sich nicht vollständig auf die Physik reduzieren. Die Physik ist vollständig. Im Prinzip beschreibt sie alle physikalischen Ereignisse mit ihren Mitteln vollständig.

Die Biologie erklärt die Vorgänge anders. Aus der Perspektive der Biologie ist die physikalische Beschreibung unvollständig. Die Naturwissenschaft erlaubt es nun, weitere Vorgänge neurowissenschaftlich zu beschreiben, zu erklären und Gesetzmäßigkeiten anzuführen. Diese Gesetzmäßigkeiten sind nicht auf das biologische und physikalische reduzierbar. Es ist eine neue Qualität der Beschreibung.

Die mentale Welt, all das, was wir uns im Alltag wechselseitig an Wünschen, Absichten, Überzeugungen, an Gefühlen, an reaktiven Einstellungen, an Wahrnehmungen zuschreiben, was unsere sozialen Beziehungen trägt, ist eine zusätzliche Ebene, die ein eigenes Erklärungsmuster – vielleicht nicht strikt Gesetzmäßigkeiten – verlangt.

Aus dieser Sicht ist die neurophysiologische Welt unvollständig. Sie ist aber vollständig aus der Sicht der Neurowissenschaft. Das klingt paradox, aber wenn wir an das Pferd denken, ist es weitaus plausibler, als es vielleicht zunächst scheint.

Naturalismus und Humanismus

Jetzt müssen wir noch einen genaueren Blick auf die Rolle von Gründen werfen. Ich möchte dies zu einer Gegenüberstellung zweier Auffassungen, ja zweier Weltbilder, verallgemeinern. Das eine Weltbild ist naturalistisch. Es ist von der Überzeugung geprägt, dass sich alle Vorgänge in dieser Welt einschließlich der menschlichen Angelegenheiten auf Gegenstände und Vorgänge, die mit der Physik oder einer auf Physik beruhenden Biologie oder Neurowissenschaft beschreibbar ist, reduzieren lassen. Man nennt das manchmal auch *Physikalismus*. Ich nenne das *Naturalismus,* weil es ja sein kann, dass die Reduzierung von Biologie auf Physik Schwierigkeiten macht, es aber generell doch möglich ist, alles auf zum Beispiel Physik und Biologie zurückzuführen.

Das ist die *naturalistische Position*. Konsequenterweise ist dann der Mensch als Gegenstand der Wissenschaft zu betrachten, als einer der vielen Gegenstände, die Physik und Biologie mit den gleichen Methoden analysieren. *Humanismus* – diesen Begriff verwende ich jetzt als Fachbegriff, als künstlichen Terminus – wird in ganz unterschiedlicher Weise verstanden. Zum Beispiel werden in der Bildung diejenigen als *Humanisten* bezeichnet, die viel Wert auf Altgriechisch und Latein legen. Aber das ist jetzt nicht gemeint, eher ist hier der Anklang an *Humanität* im Spiel. Ich setze diesem *Naturalismus* einen *Humanismus* entgegen. Ich charakterisiere ihn in folgender Weise: Nach der humanistischen Überzeugung ist der Mensch verantwortlich und frei. Die menschlichen Angelegenheiten lassen sich im Wesentlichen nicht mit den Methoden der Naturwissenschaft vollständig explizieren und analysieren.

Oder anderes ausgedrückt: Die Gesetzmäßigkeiten, die in der Physik, der Biologie und der Neurowissenschaft zugrunde gelegt werden, genügen nicht, um die menschlichen Dinge, die Art und Weise, wie wir uns verständigen, zu Entscheidungen und Überzeugungen kommen, restlos zu erklären. Der *Humanismus* ist, so verstanden, ein *Antireduktionismus*. Er glaubt nicht an die Reduzierbarkeit der Psychologie auf die Physik und der Wissenschaft auf die Psychologie.

Jetzt müssen wir genauer hinschauen, was denn die Rolle der Gründe sein kann. Was ist ein adäquates Verständnis menschlicher Praxis, menschlicher Überzeugungsbilder? Ich will nicht überziehen: Ich glaube nicht, dass wir alles, was wir tun, und alles, was wir glauben, als Ergebnis einer rationalen Deliberation, einer Abwägung von Gründen, tun und glauben. Oder mit anderen Worten: Unsere Freiheit, die darauf beruht, abwägen zu können, ist eine *bedingte Freiheit,* bedingt durch genetische Voraussetzungen, epigenetische Einflüsse, sensorische Stimuli, unsere Erziehung, unsere Sozialisationsgeschichte und einiges mehr.

Wir sind nur bedingt frei. Wir können nicht von heute auf morgen unser gesamtes Leben grundlegend verändern. Äußerlich vielleicht schon. Wir leben woanders, wir haben vielleicht einen anderen Partner, was auch immer. Aber in unseren Tugenden, in unseren Charaktereigenschaften, in der Art und Weise, wie wir reden, wie wir Dinge bewerten, werden wir uns nie im Leben völlig neu erfinden können, selbst nach großen Lebenskrisen nicht. Das heißt, diese radikale Vorstellung von Freiheit, wie sie für einen wichtigen Teil der Philosophie nach dem Zweiten Weltkrieg, den *Existenzialismus* etwa, prägend war, an den glaube ich nicht. Es gibt zu viele psychologische Befunde, aber auch unsere Alltagserfahrung, die dagegen sprechen.

Das Libet-Experiment

Aber *Gründe* spielen eine Rolle, und da muss ich mich nun kurz mit Einwänden auseinandersetzen, die recht populär geworden sind und meistens aus der Neurowissenschaft kommen. Ein Einwand ist das berühmte *Libet-Experiment*, das folgendermaßen aussieht: Eine Person wird gebeten, innerhalb eines bestimmten Zeitraumes – zunächst waren nur 30 Sekunden vorgesehen – den Finger oder das Handgelenk zu bewegen. Es ist ihr freigestellt, wann. Zur gleichen Zeit läuft ein Zeiger mit großer Geschwindigkeit, also viel schneller als unsere Sekundenzeiger. Die Person muss sagen, wann sie sich entschieden hat, ihren Finger zu bewegen. Libet – übrigens ein Anfänger der menschlichen Freiheit, der Indetermination menschlichen Handelns – kam in diesem Experiment zu dem Ergebnis, dass sich das sogenannte *Bereitschaftspotenzial,* was mit bewussten Vorgängen im Gehirn einhergeht, deutlich vor dem Zeitpunkt ausgebildet hat, zu dem die Person angibt, sich entschieden zu haben. Das ist das berühmte Libet-Experiment. Hier geht es übrigens um Millisekunden, also 550 oder 500 Millisekunden vor der Bewegung der Hand bildet sich das Bereitschaftspotenzial aus. Erst 350 bis 300 Millisekunden vor der Bewegung, also 0,3 Sekunden später, wird von den Versuchspersonen die Entscheidung berichtet. Rund eine halbe Sekunde vorher ist das Bereitschaftspotenzial bereits ausgebildet. Dieses wird oft zu einer sehr weitreichenden These angeführt. Es wird gesagt: Das zeigt doch, dass unsere Begründung, unsere Entscheidungen, immer nur ex post kommen. Es steht vorher schon fest, was wir tun. Wir suchen dann Gründe, um das, was wir getan haben, noch irgendwie plausibel zu machen.

Nun, ich hatte schon erwähnt, dass es nicht sehr überzeugend ist anzunehmen, dass dieser riesige Apparat, den wir benutzen, der sehr komplex ist, der sich in einer Bildungs- und Erziehungsgeschichte erst langsam entwickeln muss, statisch ist. Nach heutigen Kenntnissen entwickelt er sich über das ganze Leben weiter. Die Strukturierbarkeit durch Deliberation scheint sogar zuzunehmen. Auch jenseits von 18, 20, 25 Jahren scheint sich die Persönlichkeit noch weiterzuentwickeln und kohärenter zu werden. Dass das alles nur dazu da ist, um bei Nachfragen einen Grund angeben zu können, scheint nicht sehr überzeugend. Aber unabhängig davon: Kann denn dieses Experiment, um die Charakterisierung von Freiheit über die Fähigkeit, Gründe abzuwägen und nach Gründen zu handeln, und die Offenheit, dass Ergebnisse dieser Abwägung von Ereignissen und Prozessen, die mit naturwissenschaftlichen Mitteln beschreibbar sind und dieser Deliberation vorausgehen, angeführt werden? Mir scheint es ziemlich offenkundig zu sein, dass die Antwort »Nein« lauten muss.

Und das aus mehreren Gründen: Erstens haben wir es hier mit einer Willkürentscheidung zu tun. Es ist völlig egal, ob und zu welchem Zeitpunkt ich meinen Finger bewege. Deliberation kommt schon vor der Versuchsanordnung gar nicht ins Spiel. Es gibt nichts abzuwägen, es gibt keine Gründe, die für das eine oder das andere sprechen. Das Zweite ist: Dieses Bereitschaftspotenzial, das sich 500, 550 Millisekunden vor der Bewegung ausgebildet hat, ist ja unter Normalbedingungen von Entscheidungen erst ex post, also erst nachdem entsprechende Deliberationen unserer Absichten, das Abwägen von Gründen, einen Einfluss auf die Ausbildung von Bereitschaftspotenzialen haben. Auf diesem Weg findet eine Verknüpfung zwischen der Deliberation und der konkreten Praxis statt.

Deliberation und kohärente Lebenspraxis

Wir haben jetzt überwiegend über Freiheit gesprochen. Verantwortung kam einmal ganz am Anfang vor. Da habe ich gesagt, dass wir uns Verantwortung und Freiheit zuschreiben. Verantwortung und Freiheit scheinen sich nicht voneinander ablösen zu lassen. Ich will jetzt zum Abschluss etwas zusammenbinden und ein Menschenbild skizzieren, für das beide Elemente in ein in meinen Augen vernünftiges Verhältnis gebracht werden.

Wir haben eine bedingte Freiheit, wie ich das genannt habe, eine Freiheit, die durch unsere genetische Ausstattung, durch unsere Bildungsgeschichte, durch Sozialisation, durch Erfahrungen eingeschränkt ist. Diese eingeschränkte, bedingte Freiheit kommt vor allem darin zum Ausdruck, dass wir in unser Leben und in unsere Überzeugungen gewissermaßen steuernd eingreifen, indem wir innehalten und deliberieren. Das kann sich um Bruchteile von Sekunden handeln. Zum Beispiel im Straßenverkehr ist es häufig erforderlich, sehr rasch zu reagieren. Aber auch dabei wägen wir ab. Wir vermeiden Risiken. Wir tun das eine, oder wir denken, das andere wäre zu riskant und dergleichen mehr. Das heißt, Deliberation – das Abwägen von Gründen – spielt für beide Bereiche, für das Handeln und für Überzeugungen, eine zentrale Rolle. Die Verantwortlichkeit der Person als Ganzes – sagen wir ruhig, der Persönlichkeit, der gereiften erwachsenen, voll zurechnungsfähigen Persönlichkeit – kommt vor allem darin zum Ausdruck, dass diese Deliberationen nicht punktuell, mal so und mal ganz anders sind, sondern dass sie in einem inneren Zusammenhang stehen.

Mit anderen Worten: Das Leben, die Lebenspraxis und die die Lebenspraxis begleitenden Überzeugungen, Verständigungen mit anderen, sind in sich kohärent, in sich schlüssig. Und es liegt auf der Hand, dass eine Person, die eine kohärentere Lebenspraxis hat, die sich in der Bewertung klar ist, weiß, wie sich die Dinge abschätzen, wie sie sich gegeneinander abwägen lassen, und wie sie – man könnte fast sagen paradoxerweise – weniger entscheiden, weniger deliberieren muss.

Wenn die Dinge im Gleichgewicht sind und die Person mit sich im Reinen ist, ist sie in einem geringeren Maße Konflikten ausgesetzt. Konflikte zwingen zu immer erneuten Abwägungen.

Die gereifte Persönlichkeit

Man kann sich das bildlich folgendermaßen vorstellen: die gereifte Persönlichkeit. Bei *Aristoteles* gibt es einen schönen Terminus, der heute völlig ungebräuchlich geworden ist, nämlich *Megalopsychia* in der *Nikomachischen Ethik* – »eine große Seele haben«, wörtlich übersetzt. Megalopsychia ist bei ihm ein Gegenstand, über den er viel nachdenkt. Eine umfassende, in sich kohärente, stimmige Psyche zu haben, erlaubt es, sich in höherem Umfang auf das zu verlassen, was schon einmal so und nicht anders entschieden wurde. Konflikte treten seltener auf,

Deliberationen sind nicht so häufig. Die Person befindet sich im Einklang mit ihren eigenen Werten und bringt die Lebenspraxis dieser Werte in angemessener Weise zum Ausdruck.

Von außen betrachtet: Für die Mitmenschen ist so eine Person transparent, klar, einschätzbar, nicht erratisch, nicht sprunghaft. Man kennt die Gründe, die sie hat, warum sie so und nicht anders entscheidet. Man kann sich darauf verlassen, dass die Person auch in einer neuen Situation so entscheiden wird, wie man das von ihr gewohnt ist.

Verantwortung, so könnte man sagen, kommt also nicht nur und nicht allein dadurch zum Ausdruck, dass Individuen bereit sind, im Einzelfall abzuwägen, was die besseren Gründe sind. Verantwortung hat eine umfassendere Perspektive, nämlich das Leben als Ganzes kohärent zu machen. Das erklärt, warum wir zum Beispiel im Jugendstrafrecht bis 21 weit geringere Strafen vorsehen, obwohl der Intelligenzquotient bei 18-Jährigen genauso groß ist wie bei älteren. (Der IQ steigt in der Regel nach dem 18. Lebensjahr nicht mehr an.) Auch die Kenntnisse, das Wissen, kann schon hinreichend ausgeprägt sein. Aber diese Fähigkeit, das Leben in sich stimmig zu machen, langfristig zu planen, Struktur in das eigene Leben und in die Interaktionen mit anderen zu bringen, entwickelt sich nach aller Erfahrung erst im Laufe der Zeit.

In der *Nikomachischen Ethik* heißt es:

> *»Wir wollen über politische Fragen nicht mit jungen Leuten reden, denn ihnen fehlt die Lebenserfahrung.«*

ÜBER DEN AUTOR

Julian Nida-Rümelin gehört zu den renommiertesten Philosophen Deutschlands. Er lehrt seit 2004 an der Ludwig-Maximilians-Universität München. Seine Spezialgebiete sind theoretische und angewandte Ethik, Entscheidungs- und Rationalitätstheorie, politische Philosophie und Ethik.

Nida-Rümelin ist Mitglied der Berlin-Brandenburgischen Akademie der Wissenschaften, für die er eine interdisziplinäre Forschungsgruppe »Internationale Gerechtigkeit und institutionelle Verantwortung« leitet, sowie der Europäischen Akademie der Wissenschaften und Künste. Für fünf Jahre wechselte er in die Kulturpolitik, u.a. als Kulturstaatsminister im ersten Kabinett Schröder.